AF450772

NOUVELLE MÉTHODE
D'ENSEIGNEMENT GÉOGRAPHIQUE

ADOPTÉE PAR LE CONGRÈS DE PARIS

(1875)

Paris. — Imp. J. Dumaine, rue Christine, 2.

NOUVELLE MÉTHODE

D'ENSEIGNEMENT GÉOGRAPHIQUE

LES RÉSOLUTIONS DU CONGRÈS GÉOGRAPHIQUE DE PARIS,

PAR

M. Ludovic DRAPEYRON,

ANCIEN ÉLÈVE DE L'ÉCOLE NORMALE SUPÉRIEURE,

Docteur ès lettres, Professeur agrégé d'histoire et de géographie au lycée Charlemagne,
Membre de la Société de Géographie et du Congrès de Paris ;

SUIVIE D'UNE

ÉTUDE SUR LA CARTOGRAPHIE A L'EXPOSITION DES TUILERIES

Par M. Frédéric HENNEQUIN,

Ancien graveur et dessinateur au Dépôt de la guerre, Membre de la Société
de Géographie et du Congrès de Paris.

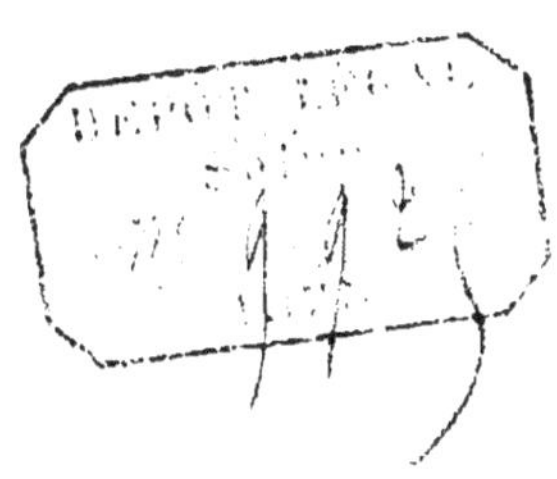

PARIS

LIBRAIRIE MILITAIRE DE J. DUMAINE

LIBRAIRE-ÉDITEUR

Rue et Passage Dauphine, 30

1876

A LA SOCIÉTÉ DE GÉOGRAPHIE DE PARIS.

La *Nouvelle Méthode d'enseignement géographique*, que nous allons exposer, peut être légitimement appelée *la Méthode du Congrès de Paris*. Formulée et votée par les membres du sixième groupe (groupe didactique), ratifiée par le Congrès géographique tout entier, dans ses séances générales et publiques, nous la résumerons ainsi :

« Pas d'histoire sérieuse sans géographie ; pas de géographie sérieuse sans topographie. »

Nous ne doutons pas que la Société de géographie ne prenne à tâche de favoriser l'exécution des résolutions du Congrès, dont nous retraçons l'historique.

Il est une réforme essentielle, urgente à opérer en France, celle de la cartographie. Nous devons nous féliciter d'avoir fait, au Congrès, la connaissance de M. Frédéric Hennequin, ancien graveur et dessinateur au Dépôt de la guerre, qui a bien voulu faire une étude minutieuse de l'exposition cartographique internationale. M. Hennequin a été encouragé dans la diffusion de la topographie, dont il s'est fait en quelque sorte le missionnaire, par M. le général de Cissey, ministre de la guerre, qui a rendu obligatoire cet enseignement pour les corps de troupes dans sa circulaire du 30 septembre 1874 (1), et qui a abaissé, d'une façon notable, le prix de la carte de l'état-major.

---

(1) « Le cours élémentaire de lecture des cartes topographiques peut « être fait au moyen des Cahiers de dessins topographiques de M. Hen- « nequin, ou bien de l'*Atlas élémentaire de topographie* de M. Wachter. »

Pour la présente publication, nous nous sommes naturellement adressés à M. Dumaine, l'éditeur de la carte de France à $\frac{1}{80,000^e}$ (report sur pierre).

M. Vion (de Noisseville, près Metz), ancien professeur de l'Université et chef d'institution à Amiens, s'est joint à nous en vue d'une réforme orthographique importante au point de vue de la cartographie. C'est à lui que revient l'honneur d'avoir proposé et fait adopter par le Congrès le projet d'une Revue internationale, dont la géographie serait l'objet principal.

Il a paru déjà, et il paraîtra ultérieurement, un grand nombre de revues pédagogiques, qui se rapprocheront ou s'éloigneront plus ou moins des résolutions prises par le Congrès. Mais il est une chose certaine, c'est qu'aucune Revue géographique internationale, vraiment digne de ce nom, ne pourra éclore sans le concours des géographes étrangers ou français, qui ont proposé ou fait prévaloir les importantes réformes, votées unanimement, dont nous allons entretenir le lecteur. C'était notre droit, et nous ajouterons notre devoir, de nous mettre en communication permanente avec les savants belges, russes, espagnols, italiens, etc..., qui nous avaient aidés et parfois devancés. Le moment semble venu de transformer, à l'aide de ces éminents collaborateurs, non-seulement la pédagogie, mais nous osons dire l'histoire et la politique, sœur de l'histoire. Il ne suffit pas, en effet, de restituer et de critiquer consciencieusement les vieux textes, il faut encore replacer les annales humaines sur leurs bases géographiques nécessaires. Les savants étrangers, dont nous parlons, nous fourniront l'analyse topographique, géographique, ethnographique de leurs pays respectifs. C'est une vaste enquête qui s'annonce et qui saura être aussi sérieuse que résolue.

Pourrions-nous ne pas remercier, au nom du Congrès géographique, le journal *le XIX⁰ Siècle*, qui, comprenant toute l'importance d'une science si longtemps dédaignée, lui a offert une si gracieuse hospitalité, la faisant bénéficier, en quelque sorte, de sa publicité et de sa popularité? Aussi, à l'étranger comme en France, on a été heureux de voir une des grandes feuilles parisiennes consacrer jusqu'à vingt-huit articles à l'Exposition et au Congrès des Tuileries. Des lettres venues de divers points de l'Europe nous ont montré que l'heure présente était propice à la géographie et à ceux qui s'y dévouent.

N. B. Dans une première série (16 avril, 5, 29 mai, 6 et 10 juillet, nous avions présenté aux étrangers *nos géographes;* la seconde (23, 25, 28, 30 juillet; 1, 4, 7, 9, 14, 19, 21, 25, 28 août; 11, 12 et 17 septembre) a été consacrée à l'étude de l'Exposition des Tuileries; la troisième (20, 30 septembre; 3, 8, 15, 25 et 28 octobre) est précisément l'historique de la réforme géographique votée par le Congrès. Nous donnerons ici les titres de nos articles sur l'Exposition : Les *Cartes à propos du mont Gargan ; la Lutte internationale cartographique ; Vieux géographes, vieilles cartes ; Au point de vue de l'art ; Laissez venir à moi les petits enfants ; De l'Institut aux Tuileries ; Miscellanea ; Heureuse Autriche ; Avis aux lecteurs ; le Musée Khmer ; l'Amérique découverte au* x[e] *siècle ; Histoire d'une carte égarée aux Tuileries ; Sur le tapis vert du Congrès ; l'Asie centrale ; la France en relief ; Nouvelle Méthode.*

MEMBRES DU SIXIÈME GROUPE DU CONGRÈS DE PARIS

(GROUPE DIDACTIQUE.)

Russie.

MM.

Dodonoff (Basile), professeur de géographie à Saint-Pétersbourg.

Giwatowski, secrétaire du Musée pédagogique, à Saint-Pétersbourg.

Kokhowsky (général), président du comité du Musée pédagogique,
à Saint-Pétersbourg.

Medder.

Modeen, professeur de géographie au lycée de Viborg (Finlande).

Poulikowski (colonel), professeur de géographie dans les établissements militaires, à Saint-Pétersbourg.

Turquie.

Synvet, professeur au Lycée impérial, à Constantinople, directeur de la Revue orientale *l'Univers.*

Suède.

Paulmann (Mlle Kornelia), professeur de géographie, à Stockholm.

Taustrôm (Mlle Ingeborg), institutrice de géographie, à Stockholm.

Danemark.

Erslev, commissaire du Danemark à l'Exposition, professeur de
géographie, à Copenhague.

Schmidt (Waldemar), professeur, docteur de l'Université, à Copenhague, membre du jury à l'Exposition.

Pays-Bas.

Bansahour (Van), chef de division au ministère de l'intérieur
(Pays-Bas).

Bas (de), officier de l'état-major, attaché à l'état-major des Pays-
Bas, à La Haye.

Veth, président de la Société de Géographie d'Amsterdam, à
Leyde.

Allemagne.

Kiepert (Henri).

Belgique.

Discailles, professeur à l'Athénée royal et à l'Ecole normale de Bruxelles.

Fief (du), professeur à l'Athénée royal de Bruxelles.

Gérard, délégué du Gouvernement belge, préfet des études à l'Athénée royal de Liége.

Gocher (frère Alexis), professeur à l'Ecole normale et au pensionnat de Carlsbourg.

Lequarré, professeur à l'Athénée et à l'Ecole normale de Liége.

Autriche.

Becker (de), conseiller aulique de S. M. l'Empereur d'Autriche.

Espagne.

Coello (colonel), de l'Académie royale de Madrid.

Portugal.

Rodriguez, professeur à l'Ecole polytechnique de Lisbonne, chef du service photographique du Gouvernement portugais.

Italie.

Italo (Enrico d'), professeur de géographie, à Milan.

France.

Barre du Parcq (de la), colonel, directeur du génie à Brest.

Bonneau du Martray, capitaine d'état-major, à Lille.

Choppin, lieutenant au 3e dragons, à Tours.

Cortambert (Eugène), bibliothécaire de la section géographique de la Bibliothèque nationale.

Courtois, ingénieur hydrographe.

Delagrave, libraire-éditeur, à Paris.

Delalain (Paul), libraire-éditeur, à Paris.

Drapeyron (Ludovic), docteur ès lettres, professeur d'histoire et de géographie au lycée Charlemagne.

Dupaigne (Albert), professeur de sciences naturelles au collége Stanislas.

Francolin, instituteur, à Paris.

Goulier (colonel).

Grégoire, ingénieur mécanicien, à Paris.

Haincque de Saint-Senoch, conseiller référendaire à la Cour des comptes.

Hennequin, attaché à l'état-major général du Ministère de la guerre, professeur de topographie.

Kleinhans (Mlle Caroline), professeur de géographie à l'Ecole normale de Neuilly, à Paris.

Kuhff, professeur au collége Chaptal.

Maze, professeur d'histoire et de géographie au lycée Fontanes.

Morin (Théodore), avocat à la Cour d'appel de Paris.

Muret, géomètre de la ville de Paris.

Périgot, professeur de géographie au lycée Saint-Louis.

Sanis, professeur spécial de géographie, à Paris.

Wacquez-Lalo, traducteur et professeur de langues, à Lille.

Vion (de Metz), ancien professeur de l'Université et chef d'institution à Amiens (1).

BUREAU.

Président d'honneur :

M. CORTAMBERT.

Présidents :

MM. Kokhowsky, Gérard, Veth, Erslev, Coello, Poulikowski.

Commissaires spéciaux :

Délégués par M. le baron Reille, Commissaire général :

MM. Bonneau du Martray, Morin.

Secrétaire : M. Dupaigne. — *Secrétaire adjoint :* M. Maze.

---

(1) Cette liste n'est qu'approximative, malgré les efforts que nous avons faits pour nous la procurer complète.

EXTRAIT DU QUESTIONNAIRE

SOUMIS AU CONGRÈS INTERNATIONAL GÉOGRAPHIQUE DE 1875.

(GROUPE DIDACTIQUE).

ENSEIGNEMENT ET DIFFUSION DE LA GÉOGRAPHIE.

103. Quels sont les moyens pratiques de donner plus de popularité à l'étude élémentaire de la géographie et de la topographie ?

Dans quelle mesure les cartes topographiques peuvent-elles servir à l'enseignement aux différents degrés ?

104. Quels doivent être les caractères des études géographiques dans les différentes branches de l'enseignement primaire, secondaire et supérieur ?

105. Quelle place occupe l'enseignement de la géographie commerciale, et d'après quelle méthode cet enseignement est-il donné dans les établissements destinés à former des industriels et des commerçants ?

Comparer les systèmes des divers pays.

106. Ne serait-il pas très-utile de mettre à la disposition des établissements d'instruction certains instruments géographiques?

107. Quels sont les établissements qui ont été créés pour favoriser les travaux et les connaissances géographiques? Quelles comparaisons peut-on faire entre eux? Quels services rendent-ils? Quels services plus importants encore pourraient-ils rendre? Quels établissements nouveaux pourrait-on créer, comme centres de travaux et de connaissances géographiques? Quels sont les moyens de coordonner et de développer les travaux des sociétés de géographie et d'en tirer tous les avantages désirables?

108. Ne serait-il pas utile que les Sociétés géographiques reçussent communication des catalogues, des cartes et des ouvrages géographiques qui appartiennent aux diverses bibliothèques et archives de province, qui renferment souvent des documents très-importants, encore ignorés du monde savant?

NOUVELLE MÉTHODE
D'ENSEIGNEMENT GÉOGRAPHIQUE
ADOPTÉE PAR LE CONGRÈS DE PARIS.

INTRODUCTION.

C'est à un point de vue exclusivement français que nous étudierons les résolutions du Congrès géographique de Paris. Il n'y a plus personne, aujourd'hui, qui conteste l'utilité de l'étude de la géographie. Déjà on pressent la transformation prochaine de la politique sous l'influence de cette science, qui seule peut apprendre aux hommes d'Etat les *nécessités* et les *possibilités* physiques, climatologiques, ethnographiques.

Après nos désastres, on comprit bien qu'il fallait étudier la géographie ; mais, en dépit de quelques bons exemples, on le fit sans méthode, accordant trop à la nomenclature, à la cartographie, à l'économie politique, pas assez à la géologie, à la structure du sol, aux rapports de la géographie et de l'histoire.

La géographie, si longtemps opprimée, voulut être indépendante. On fit donc des programmes *indépendants*, c'est-à-dire décousus. On accumula les matériaux sans s'inquiéter le moins du monde d'un ordre quelconque, logique ou chronologique. On ne vit pas qu'un agencement symétrique des cours d'histoire, de géographie, de cosmographie, de géologie, de botanique, de zoologie, de physique, etc..., décuplerait les forces intellectuelles de l'élève en soulageant sa mémoire et en lui montrant le lien des choses.

Le Congrès géographique de Paris a fait crouler ce vieux système. A ce titre, il est le point de départ d'une ère nouvelle. En 1875, au moment où notre siècle atteignait son dernier quart, des Français, des Belges, des Danois, des Suédois, des Russes, des Espagnols, des Italiens, etc.., ligués contre une routine vénérable, faisaient prévaloir les six propositions suivantes :

1° L'étude de la géographie devra commencer dorénavant par la topographie, et non plus par la cosmographie ;

2° Dans les établissements secondaires, on établira l'accord le plus parfait possible entre les cours d'histoire et les cours de géographie ;

3° L'enseignement de la géographie sera confié à des professeurs spéciaux ;

4° A l'école normale supérieure, on organisera une section de géographie, avec de fortes études scientifiques pour base ; il y aura en outre une agrégation spéciale de géographie ;

5° Des musées pédagogiques, le plus nombreux possible, seront créés ;

6° Une revue mensuelle perpétuera les relations inaugurées entre géographes de toute nation par les Congrès d'Anvers et de Paris.

La routine, avons-nous dit plus haut, a été vaincue. Mais elle ne l'a été que théoriquement. Il faut faire passer dans la pratique ces belles réformes décidées en principe. C'est dans ce but que nous entrons en campagne. A chacune des six propositions nous consacrerons un chapitre. Nous terminerons notre étude par une septième proposition qui, bien qu'elle n'ait pas été soumise au Congrès, est le corollaire évident des précédentes.

I

LA TOPOGRAPHIE POINT DE DÉPART DE LA GÉOGRAPHIE

L'intervention de M. Frédéric Hennequin a fait l'effet d'un tremblement de terre. Beaucoup de géographes présents au Congrès en étaient encore, du moins en ce qui concerne l'enseignement primaire, à la méthode de Meissas et de Michelot, à la cartographie facile, et à la mnémotechnie. Enumérer d'abord toutes les mers de l'Europe, puis tous les golfes, puis toutes les péninsules, puis toutes les îles, leur semblait le comble de l'art... en géographie.

Ils y ajoutaient, il est vrai, l'étude des quatre points cardinaux, ce qui était assez inoffensif, et aussi toute la cosmographie, qui, même restant élémentaire, eût accablé les petits enfants. M. Frédéric Hennequin a osé dire qu'il ne fallait pas vouloir faire prendre aux petits enfants la lune avec les dents, qu'au lieu de leur imposer la récitation de tant de détails, qui ne sont pour eux que des *flatus vocis*, il convenait de graver dans leur intelligence, comme dans leur mémoire, l'image des lieux où ils vivent.

C'est en effet en leur montrant, en leur analysant ce qu'ils voient chaque jour, qu'on les mettra au fait tant de définitions qui, faute d'application visible et tangible, gardent, dans nos précis, un caractère presque métaphysique. Ils sauront ce que sont un promontoire, une ligne de partage des eaux, et même une carte. Au bout de peu de mois, ils feront justice de ces « produits falsifiés » (expression de M. Hennequin) que l'on fait passer pour des cartes, mais qui ne donnent jamais la moindre idée de la structure d'un pays. Après une série d'efforts et d'exercices que nous exposerons plus loin, ils parviendront au but que leur assigne M. Hennequin : la *lecture de la carte de l'état-major*.

C'est cette carte que le jeune et actif topographe avait en vue, quand, avec une énergie que le vieux Caton lui eût enviée, il s'écriait à tout propos : «Il est aussi utile de savoir lire la carte de son pays et de s'en servir que de savoir lire dans un livre. » Le mot de *Carte de l'état-major* n'était pas fait pour dérouter les géographes étrangers ; car il n'est point de pays civilisé qui n'ait maintenant sa carte de l'état-major, plus ou moins avancée, mais préoccupée, avant tout, de rendre, au moyen de procédés d'une diversité assez notable, la configuration détaillée du sol.

Faisons d'abord table rase de la géographie du monde, de l'Europe, de la France, du département, de l'arrondissement, du canton, de la commune. En ce qui concerne la géographie proprement dite, contentons-nous de faire tourner, devant nos jeunes bambins, par manière de récréation, un globe terrestre. Seule concession que nous ferons aux exigences cosmographiques de M. Cortambert. Foulons bravement aux pieds la géographie, et ne nous soucions que de la topographie, c'est-à-dire de la description et de la représentation, au moyen, d'abord d'un plan en relief, puis d'un morceau de papier, de ce coin de terre où se meuvent nos trente ou quarante élèves. Nous commencerons par le plan de la classe.

C'est en traçant le plan de leur classe que les élèves apprendront les points cardinaux. Puis on les conduira sur le terrain. Au début, ils se borneront à l'examen et au tracé d'un espace peu étendu et bien délimité. C'est alors que le professeur expliquera, définira... indéfiniment... Rentré dans sa classe, il moulera avec du plâtre, en le réduisant d'après une échelle déterminée, le terrain en question. Puis, du plan-relief, il passera à la carte, aux courbes de niveau et même aux hachures. Ces exercices topographiques se multiplieront et s'étendront peut-être à toute la commune, si elle est suffisamment petite, et les élèves, un beau jour, seront bien étonnés d'avoir exécuté, à l'aide de la triangulation, du baromètre, ou plus simplement de la boussole-rapporteur, un plan cadastral.

On suit la gradation : 1° Vue et mesure, en longueur, largeur et hauteur, du terrain ; 2° Plan-relief; 3° Carte.

Le difficile, on le voit bien, c'est le passage du plan-relief à la carte. Laissons parler M. Hennequin : « Le professeur qui voudra faire comprendre, par le relief, une fraction de terrain sur la carte de France, en copiera à peu près la forme sur de la terre ou de la cire à modeler. Ensuite, pour que le nivellement en soit compris immédiatement par l'élève, il coupera ce relief perpendiculairement sur l'un des côtés, y établira une échelle graduée de centimètre en centimètre, et, pour faire saisir ce qu'on entend par nivellement et courbes horizontales, il plongera son relief en terre glaise, soit dans un vase rempli d'eau, d'où il pourra la faire sortir par la base, soit dans une cuvette faite d'une planche avec un bord en cire, qui formera un petit mur pour retenir l'eau.

« L'écoulement de cette eau se fera de centimètre en cen-

timètre, sur le côté de l'échelle, et l'élève verra d'"abord le
point culminant apparaître, ensuite les sommets inférieurs,
puis le déversement de l'eau dans chaque vallée. Le professeur marquera, avec une pointe, sur la terre glaise, à chaque
centimètre d'écoulement, la courbe de niveau indiquée par
l'eau sur la terre glaise. Du moment où l'élève aura vu devant
ses yeux faire cette opération par le professeur, et la seconde
fois opéré lui-même, il aura saisi ce que l'on entend par
courbes de niveau, et comprendra le nivellement représenté
sur les cartes topographiques. Dans une partie de pente très-
rapide, l'équidistance des courbes sera très-rapprochée. Dans
une autre fraction, où les courbes seront très-éloignées le
unes des autres, la pente sera très-douce.

« Quand l'élève sera plus avancé, il pourra, à l'aide de la
carte de l'état-major, exécuter géométriquement un relief,
ou convertir un relief quelconque en carte, et, forcé d'étudier
les divers fragments de la carte d'état-major, il apprendra tous
les signes conventionels. C'est ainsi que vous aurez des bons-
hommes de sept à dix ans capables de se guider, dans n'importe quelle commune de France, en ayant la carte à la
main. »

Mais, me direz-vous, ces petits topographes ne sauront pas
le premier mot de la géographie. — Voilà, répondrai-je, une
parole bien inconsidérée. La topographie n'est autre chose
ici qu'une géographie expérimentale, qui du simple mène au
composé, comme la connaissance de soi-même peut mener à
la connaissance des autres. Je l'avoue, notre jeune topographe ne sait ni tous les caps d'Europe, ni toutes les sous-pré-
fectures de France, mais il possède cent autres choses plus
essentielles que le géographe *à priori* ignorera peut-être toujours.

Il a observé les diverses structures du sol, il a vu un
cap, un bassin, une ligne de faîte. Il sait les reconnaître
sur la carte. Bien plus, il trace une carte, sans improvi-
ser jamais, à l'aide de courbes de niveau. Il est affranchi de
mille préjugés géographiques dont nos vieux géographes
ne se débarrasseront peut-être jamais. Il rit, quand on lui
présente une de ces cartes menteuses improvisées, où tout

est sacrifié à un *mur mitoyen*, qui prend parfois, pour varier, la forme d'arêtes de poissons ou de chenilles. Il a dans la tête beaucoup moins de noms, mais beaucoup plus d'idées. On peut maintenant dérouler devant lui le spectacle à cent actes divers qu'offre le monde. Nous n'ajouterons qu'un mot. On convient de plus en plus que la structure du sol est l'étude géographique par excellence. S'il en est ainsi, la topographie, qui constate *de visu* et scientifiquement cette structure et qui enseigne à la représenter sur le papier, est appelée à rendre les plus grands services. L'officier, l'ingénieur, l'historien, ne sauraient s'en affranchir impunément.

M. Hennequin, qui est modeste, n'a voulu appliquer sa méthode qu'aux élèves des classes primaires et populaires. Nous demandons qu'on l'introduise dans nos lycées et colléges. Les enfants de la bourgeoisie ne doivent pas être moins bien traités que ceux du peuple. D'ailleurs, s'il n'y a en France qu'une nation, il ne doit y avoir aussi qu'une géographie, et cette géographie, — le Congrès l'a voulu, — doit débuter par la topographie.

II

CONCORDANCE DES COURS DE GÉOGRAPHIE ET DES COURS D'HISTOIRE.

Quand nous proposâmes d'établir, dans toutes les écoles d'enseignement secondaire, une concordance rigoureuse entre les cours de géographie et les cours d'histoire, nous excitâmes, au sein du Congrès, une certaine surprise, et nous dûmes déployer quelque énergie pour faire passer l'auditoire de l'indifférence à l'hostilité, et de l'hostilité à un examen réfléchi. M. le commissaire spécial près le sixième groupe, un des sept délégués de M. le commissaire central du Congrès, s'évertua à faire rejeter notre motion. Il y perdit sa peine, et c'est, si je ne me trompe, à la presque unanimité, que le sixième groupe vota « la concordance des cours de géographie et des cours d'histoire ».

Le Congrès, dans sa séance publique du 4 août, approuva cette résolution, qui sollicite aujourd'hui l'examen bienveillant du conseil de l'instruction publique. A ce propos, nous rappellerons qu'au début de l'année 1874, le ministre de l'instruction publique (c'était M. de Fourtou), ayant demandé l'avis des professeurs touchant les nouveaux programmes, nous avions dès lors communiqué notre idée à nos collègues. Ceux-ci l'avaient approuvée, et nous avions été chargé du rapport. La mission nommée par le grand maître de l'Université ne s'y arrêta point. Elle pensa qu'il ne fallait pas s'exposer à faire grand tort à des libraires dont le siége était fait.

C'est pourquoi, peu soucieuse de « notre concordance », elle approuva le système qui ramenait par trois fois, dans le cours des études, la terre moins l'Europe, l'Europe moins la France, et la France.

Elle aurait dû pourtant se persuader que ce mot « concordance » était un vrai talisman.

Pourquoi tout le monde convient-il aujourd'hui que le cerveau de nos jeunes élèves est menacé d'éclater un jour ou l'autre ? C'est qu'on ne cesse d'y introduire une multitude de connaissances sans rapport les unes avec les autres. Les langues vivantes et mortes, l'histoire, la géographie, la physique, les mathématiques s'entassent pêle-mêle ; on dirait le plus bizarre des encans : l'encan des programmes. Tout irait cent fois mieux, si, au lieu de cinq à six programmes, chaque classe avait *son programme*. Je m'explique. Pour chaque classe, il faudrait dégager une idée qui, à elle seule, serait tout un programme. Qu'on me dise, par exemple : « En quatrième, faire connaître le monde romain. » Aussitôt je dresse le programme suivant : « Prendre les auteurs latins et grecs qui parlent de Rome et de ses conquêtes. » « En allemand et en anglais, choix de lectures sur le même objet. » « Histoire romaine.» « Géographie du bassin de la Méditerranée, c'est-à-dire de l'empire romain. » On le voit : au lieu de quatre programmes divergents, il n'y en a plus qu'un seul. L'élève, que l'on invite à examiner le même objet, sur ses diverses faces, n'est plus désorienté et ahuri; il est *édifié*. Dans ces conditions, faire ses classes, c'est se promener, et, mieux encore, séjourner une année dans chacun des âges de l'humanité, dans chacune des parties du monde. Le programme idéal dont nous parlons jouerait, en quelque sorte, le rôle d'une lentille qui concentre les rayons solaires et donne à l'œil une puissance inattendue.

Quand, à la divergence actuelle des plans d'études, on aura substitué la concordance que nous réclamons, on n'enseignera plus les mathématiques aux élèves de sixième, de cinquième et de quatrième, mais les éléments de physique, de botanique, de zoologie, de géologie. C'est à ce prix seulement que la géographie sera mise en valeur.

Nous ne pouvions pas poser la question d'une façon aussi large devant un Congrès dont la géographie était l'objet spécial. Nous nous sommes contenté de dire : « Ne faites pas de la géographie *indépendante*. Liez la cause de la géographie à celle de l'histoire. »

Qu'un seul professeur ou que deux maîtres, combinant leurs opérations, enseignent aux mêmes élèves, mais à des heures différentes, l'histoire de la Grèce, par exemple, et la géographie du monde grec. Que dans l'enseignement géographique, la géographie physique tienne toujours le premier rang. L'histoire apprend aux élèves les causes politiques et morales des événements ; la géographie leur en apprendra les causes naturelles.

Aucune objection sérieuse n'a été faite à notre proposition. Quelques-uns se sont retranchés derrière je ne sais quelle *impossibilité*. A ce compte, disaient-ils, beaucoup de régions qui n'ont joué qu'un rôle secondaire dans l'histoire seront omises par le professeur de géographie. Nous avons répondu que de telles omissions seraient graves dans l'enseignement supérieur, mais que, partout ailleurs, il s'agissait beaucoup moins de voir tout que de bien voir quelque chose.

Ne nous plaignons pas d'être restés incomplets, si, par une association opportune de la géographie, de l'histoire, des sciences, des langues vivantes et des langues mortes, nous avons projeté une lumière intense sur un nombre d'objets plus ou moins considérable. Que si, grâce à cette méthode,

on a fait mieux encore que de voir clairement les objets, si
on les a pénétrés, si on les a *ouverts,* si on a pris l'excellente
habitude de ne pas se payer de mauvaises raisons, *omne tuli-
mus punctum.*

Voici les programmes de géographie, en rapport avec ceux
d'histoire, que nous soumettons à l'examen de nos lecteurs.

En huitième et en septième, exercices topographiques,
vue raisonnée du globe, quelques notions physiques sur la
France et sur la Terre sainte.

En sixième, géographie physique des pays visités par Hé-
rodote.

En cinquième, géographie physique et politique (ancienne
et actuelle) de la Grèce et du monde hellénique ;

En quatrième, le bassin de la Méditerranée (Europe,
Afrique, Asie) ;

En troisième, géographie physique et politique *actuelle*
des pays de l'Europe, autres que les péninsules méridionales.

En seconde, étude de l'Asie, de l'Afrique, de l'Amérique
et de l'Océanie, en insistant sur l'Inde, la Chine, le Japon,
les Etats-Unis, sur les découvertes du quinzième au dix-
neuvième siècle.

En rhétorique, géographie physique, politique et économique de la France.

En philosophie, *par un seul professeur,* application rigoureuse de la méthode que nous venons de formuler, afin de
montrer par des exemples fréquents les lumières que l'histoire peut et doit tirer de la géographie.

III

PROFESSEURS D'HISTOIRE ET PROFESSEURS DE GÉOGRAPHIE.

Nous avons déjà dit qu'une partie des membres du sixième
groupe aurait voulu qu'on proclamât « l'indépendance de la
géographie ». Dès la première séance, cette question fut sou-

levée par M. Cortambert. J'observai que non-seulement il n'y avait pas urgence, mais qu'il pourrait y avoir péril à débuter par une déclaration de principes. A la fin de la session, ajoutai-je, on verra peut-être mieux si la géographie est ou non tributaire des sciences naturelles et des sciences mathématiques.

Aucune résolution ne fut prise ; mais il était visible que M. Cortambert guettait l'occasion de remettre sur le tapis son idée fixe de l'indépendance de la géographie. C'est pourquoi, le 4 août, à peine avais-je demandé que le Congrès émît un vœu en faveur de la concordance des cours de géographie et des cours d'histoire, que M. Cortambert se leva, et avec sa fermeté, mais aussi avec son aménité bien connues, il réclama de nouveau l'indépendance de la géographie. Faisant allusion à moi, il alla jusqu'à dire qu'il se défiait des professeurs de géographie qui étaient en même temps professeurs d'histoire.

Le sixième groupe eut, dans la circonstance, une attitude qu'on ne saurait trop louer. Il lui répugnait de faire des déclarations de principes, à la façon des Constituantes. D'autre part, sans méconnaître l'intime corrélation de la géographie et de l'histoire, il comprenait que la géographie était une science assez vaste pour qu'on s'y consacrât exclusivement. Aussi bien, se consacrer à la géographie n'était-ce pas pratiquer, dans une large mesure, non-seulement l'histoire, mais la cosmographie, la zoologie, etc. ?

Le vrai géographe, en effet, est placé dans une sorte d'immense carrefour, au point de rencontre de toutes les sciences. Un Belge, M. Discailles, fournit très-opportunément le dérivatif. Sa motion peut se résumer ainsi : « Il y aura des professeurs distincts d'histoire et de géographie. » Toutes les mains se levèrent pour approuver, et la mienne ne fut pas la dernière. Mais, aussitôt après, ma proposition touchant la concordance des cours de géographie et des cours d'histoire, tempérée dans la forme par M. Paul Delalain, fut votée, comme celle de M. Discailles, à l'unanimité.

Bien des personnes qui n'assistaient pas à la séance se sont étonnées de ces deux résolutions consécutives, qui, à leur avis, impliquaient contradiction.

Le fait est qu'il n'y avait pas de contradiction à mettre les programmes d'accord, tout en répartissant la tâche entre plusieurs professeurs. Ainsi, pour reprendre un exemple que nous avons invoqué récemment, — supposé qu'en quatrième on veuille, comme nous l'avons projeté, prendre pour objet principal « la connaissance du monde romain », les langues vivantes, le grec, le latin, l'histoire et la géographie, enseignés par autant de professeurs différents, convergeront néanmoins vers le même but : « la connaissance du monde romain ».

On ne doit pas se spécialiser pour apprendre ; on doit se spécialiser pour enseigner : voilà la vérité. Ce n'est point que le professeur soit dispensé, plus que l'élève, de voir les différentes faces du même objet ; à Dieu ne plaise ! mais, sous ce rapport, il suffit qu'il ait commencé par être un bon élève et qu'il ait conservé les habitudes du bon élève. Sa mission, à lui, est d'approfondir telle ou telle partie de la science. Ainsi, le professeur de physique n'ignorera pas les mathématiques, mais il sera exclusivement professeur de physique ; le professeur d'histoire saura la géographie, mais il n'enseignera que l'histoire (sauf des exceptions faciles à prévoir). Si l'on procédait autrement, on accablerait les maîtres sous le nombre des classes et sous la multiplicité des cours.

Il leur serait impossible de se rendre un compte exact de ce qu'ils enseignent, et surtout de faire des recherches personnelles. Or, sans recherches personnelles, point de professeur. Un professeur qui ne fait pas de recherches personnelles est, à la longue, distancé par les bons élèves qu'il est censé diriger.

Suivant l'usage établi par la commission centrale, le Congrès eut à reviser la décision du sixième groupe qui confiait à des professeurs distincts l'enseignement de l'histoire et celui de la géographie.

Dans une improvisation qui fut justement remarquée, M. Maze se fit l'avocat du sixième groupe. Le congrès exigea une nouvelle délibération, qui eut lieu le lendemain et dont l'issue fut identique à celle de la première. L'assemblée générale, cette fois, s'empressa de ratifier.

On le voit, au lieu de la chimérique indépendance de la géographie, c'est l'indépendance des professeurs de géographie qui est sortie du congrès de Paris. M. Cortambert est-il satisfait ? Nous ne savons. Quant à nous, nous aurions le caractère bien mal fait si nous étions mécontent. On nous a effectivement accordé plus que nous n'avions demandé. Si le conseil de l'instruction publique et le ministre qui le préside veulent bien faire passer dans la pratique les théories du congrès, tous les professeurs d'histoire et de géographie pousseront un soupir de soulagement.

IV

SECTION DE GÉOGRAPHIE A L'ÉCOLE NORMALE, AGRÉGATION DE GÉOGRAPHIE.

Sous ce titre : « Une réforme urgente », la *Revue politique* du 24 juillet 1875 a publié une lettre, que nous avons adressée à M. Eugène Yung, dès qu'on nous eut appris la prochaine création d'une section de géographie à l'Ecole normale supérieure. C'était avant l'ouverture du Congrès, et, à dire vrai, nous ne savons à qui revient l'honneur d'une idée aussi pratique et aussi utile. Mais il y avait une difficulté à vaincre.

Ne pouvait-on pas craindre que les élèves de la section d'histoire ne négligeassent la géographie, et ceux de la section de géographie, l'histoire ? Et que deviendrait alors notre projet de concordance des cours d'histoire et de géographie ? Nous fûmes donc conduit à demander, pour ceux des candidats qui se destinaient à l'enseignement, soit de l'histoire, soit de la géographie, un examen spécial d'où seraient exclus les vers latins, le discours latin, le thème grec, mais où figureraient, à côté des anciennes compositions en version latine, en dissertation française, en histoire, de nouvelles épreuves portant sur la version grecque, la géographie, l'allemand, l'anglais ou telle autre langue vivante.

Pour les futurs historiens, comme pour les futurs géographes, la grande affaire, — une fois constatés le goût, l'aptitude, les connaissances générales et élémentaires, — la grande affaire, dis-je, était de s'abreuver aux sources mêmes de l'histoire et de la géographie, et, par conséquent, de posséder, d'une façon suffisante, les langues vivantes et les langues mortes.

Cette transformation de l'examen d'entrée impliquait une transformation identique de la licence. La licence ès-histoire et géographie, créée en vue d'un nouvel état de choses, comprendrait donc autant d'épreuves que l'examen d'entrée. Seulement, ces épreuves seraient plus sévères.

Nos futurs géographes et nos futurs historiens, après avoir vécu deux années (jusqu'à la licence) d'une même vie intellectuelle, se sépareraient pour se livrer, la troisième année, à des études spéciales de géographie et d'histoire.

Que ferait-on dans la section de géographie? On ne négligerait rien de ce qui peut *armer* un géographe. Géologie, zoologie, botanique, cosmographie, topographie, cartographie, histoire géographique : autant d'études d'ordres divers, et par conséquent autant de chaires, autant d'enseignements.

Nous n'exigerions des futurs géographes aucun grade scientifique, avant leur entrée à l'école; en effet, il serait malaisé de distinguer, dès l'abord, les aptitudes géographiques des aptitudes historiques. Aussi bien, un élève qui aurait suivi régulièrement les cours de sciences prescrits dans les lycées pour les classes de lettres, saurait facilement acquérir, dans la troisième année d'école normale, les connaissances scientifiques sans lesquelles on n'est à aucun degré géographe.

Une agrégation spéciale de géographie serait constituée, à côté, mais en dehors de l'agrégation spéciale d'histoire. C'est ainsi que, à une époque déjà éloignée, on a séparé les agrégations des lettres d'histoire, de philosophie et de grammaire, ou bien encore les agrégations de physique, des sciences naturelles et des mathématiques.

Nos occupations nous ont privé du plaisir d'assister aux séances du sixième groupe, dans lesquelles une question de cette importance a été discutée. M. Maze a déployé beaucoup de zèle pour le triomphe d'une aussi juste cause, et le succès a répondu à ses efforts et à l'attente de ses collègues.

Les étrangers n'ont pas laissé de trouver les Français un peu trop préoccupés de réformer la France.

On ne parle guère ici que de la France, disaient-ils parfois, avec une certaine impatience. Et la France, malgré tout, faisait, avec le concours des étrangers, les réformes qu'elle n'avait pu accomplir quand elle avait été livrée à elle-même. Qui dira ce qu'elle a dû aux Russes et aux Belges, par exemple, qu'il s'agisse de la topographie, de la concordance des cours d'histoire et des cours de géographie, ou de la création d'une section spéciale de géographie à l'Ecole normale ?

C'est sur l'initiative de quelques Français, mais à l'aide d'une majorité de membres étrangers (1) ; que la routine française a été théoriquement vaincue. Puissions-nous ne pas en rester à la théorie !

Je me résume : 1° examen d'entrée, particulier aux futurs professeurs d'histoire et de géographie, distinct, dans la mesure indiquée, de celui qui est actuellement prescrit par la section des lettres ; 2° licence ès-histoire et géographie ; 3° agrégation de géographie ; 4° chaires spéciales de géographie dans les lycées.

Les communications de la géographie et de l'histoire seraient, d'ailleurs, suffisamment assurées : 1° par la concordance des deux programmes dans toutes les classes de nos lycées ; 2° *tout spécialement* par l'application de la géographie à l'étude de l'histoire dans la classe de philosophie ; 3° par la licence ès-histoire et géographie exigée de tous les professeurs d'histoire comme de tous les professeurs de géographie, et par deux années *communes* à l'Ecole normale.

---

(1) On n'a qu'à consulter la liste publiée en tête de cet opuscnle.

V

MUSÉES PÉDAGOGIQUES.

Dans la liste des questions soumises au Congrès géographique, on lisait : « Quels sont les établissements qui ont été créés pour favoriser les travaux et les connaissances géographiques? Quelles comparaisons peut-on faire entre eux ? Quels services rendent-ils ? Quels services plus importants encore pourraient-ils rendre ? Quels établissements nouveaux pourrait-on créer, comme centres de travaux et de connaissances géographiques? » A cette demande, MM. Dodonoff et Poulikowski sont venus faire une réponse très-simple et très-claire : « Créez dans les principales villes, dans les principaux établissements, des musées pédagogiques. »

Il était tout naturel que l'initiative, en cette circonstance, appartînt aux géographes russes. Il n'existe guère, en effet, de musée pédagogique spécial qu'à Saint-Pétersbourg (1).

La proposition de MM. Dodonoff et Poulikowski reçut le meilleur accueil. M. Cortambert, toutefois, aurait désiré que, à l'expression « musée pédagogique », on eût substitué celle de « musée géographique ». MM. Dodonoff et Poulikowski répondirent que les musées pédagogiques seraient forcément des musées géographiques. La géographie est, en effet, le microcosme de la pédagogie. Sa cause est liée à celle des mathématiques, de la physique, de l'histoire naturelle, de l'économie politique. De sorte que tout musée pédagogique intelligent et suffisant peut servir à l'enseignement de la géographie.

En un instant, la motion de MM. Dodonoff et Poulikowski, accompagnée d'un si heureux commentaire, rallia un nombre considérable de signatures. Elle était adoptée avant d'être mise aux voix.

---

(1) Nous n'avons garde d'oublier l'admirable musée de South-Kensington, à Londres, que nous avons visité en 1867. Une des salles porte le nom d'*Educational museum*.

Parlons un peu du musée pédagogique de Saint-Pétersbourg. Ce musée avait été en quelque sorte transporté à Paris, aux Tuileries, sur la terrasse du bord de l'eau.

Le musée pédagogique des établissements militaires d'éducation a été fondé à Saint-Pétersbourg en 1864. Il a pour secrétaire M. Giwatowski.

Voici ce qu'il se proposait : présenter une collection systématique et aussi complète que possible du matériel d'enseignement et d'éducation de provenances russe et étrangère, afin que les établissements d'éducation pussent en prendre connaissance, et, par là, faciliter leur choix ; soumettre ce matériel à un examen raisonné, et en faire connaître l'utilité, ainsi que le mode d'emploi ; contribuer au développement de la fabrication locale du matériel d'enseignement et d'éducation, à son perfectionnement et à la baisse des prix.

En 1871, le musée pédagogique, tout en conservant son indépendance et ses anciennes attributions, fut réuni au musée général des sciences appliquées de Saint-Pétersbourg, qui, outre le musée pédagogique, renferme aujourd'hui le musée technique, le musée des arts et de l'industrie, le musée de l'agriculture (ce dernier en préparation).

Le musée pédagogique, qui seul doit nous occuper, s'est imposé la règle que voici : suivre, tant en Russie qu'à l'étranger, l'apparition du matériel d'enseignement et en faire l'acquisition selon les moyens dont il dispose ; classer les collections acquises d'après leur objet propre et en faciliter l'accès au public.

Dans ce musée, il y a :

1° Un matériel d'enseignement pour l'étude de la religion, des langues, des mathématiques, du dessin, de la physique, de la cosmographie, de la géographie, de l'histoire, de l'histoire naturelle, de la calligraphie, et pour l'instruction élémentaire.

2° Un matériel pour l'éducation ; division des jeux et des travaux instructifs, des arts et métiers, des installations scolaires, de la musique, du chant et de la gymnastique. Il paraît que le musée possède, outre 2,000 articles, plus de 3,000 tableaux sur verre pour la lanterne magique, classés d'après les différents objets des cours scolaires et les diverses branches des sciences.

Des spécialistes, réunis en commission, examinent et approuvent le matériel d'enseignement, qui est d'ailleurs sans cesse mis à l'épreuve dans les conférences que le musée lui-même donne, soit à la classe lettrée de Saint-Pétersbourg, soit encore aux soldats de la garnison et aux ouvriers. Il a été fait 378 leçons depuis 1872; le nombre des auditeurs a été de 173,000. Au musée est annexée une bibliothèque pédagogique, où figurent 7,500 ouvrages pédagogiques en langue russe et en langues étrangères. Il reçoit 50 recueils périodiques traitant de pédagogie. L'entrée est gratuite.

Des catalogues explicatifs font connaître à tout le monde la valeur et l'emploi du matériel d'enseignement. Dans le but d'encourager la production du matériel, de pousser au perfectionnement et à la baisse de la main-d'œuvre, le musée, toujours en éveil, s'enquiert des nouveaux fabricants, leur fournit des modèles, et même les subventionne; à chaque fabricant il permet d'exposer dans ses salles les appareils exécutés par lui; après un sérieux examen, il classe dans la division du matériel d'enseignement les objets qui lui ont paru les plus utiles.

Non-seulement il prend part aux expositions étrangères, mais il organise lui-même des expositions temporaires du matériel d'enseignement russe et étranger. Au moment où nous traçons ces lignes, une exposition de ce genre a lieu à Saint-Pétersbourg.

Enfin, le musée contribue à l'ouverture d'ateliers en province; il leur fournit des modèles pour la production.

Un résultat incontestable, c'est l'abaissement des prix. La notice que nous avons sous les yeux nous apprend qu'une école qui, en 1870, aurait dû dépenser pour l'acquisition de son matériel d'enseignement une somme de 3,650 roubles, ne dépenserait plus en 1875 qu'une somme de 1,350 roubles, soit 63 p. 100 de moins.

Dans nos études sur l'exposition géographique, nous avons eu à signaler les progrès merveilleux accomplis si rapidement par la Russie. On voit par là combien est fortuné un pays qui est dirigé dans une voie scientifique, en dehors de toute préoccupation de parti.

Certes, la Russie est, si l'on considère la masse de sa population, bien au-dessous de l'Allemagne, son institutrice ; mais elle possède, comme l'Allemagne, une élite de savants.

Que de géographes portent un nom russe ! Citons M. Kokhowski, pour un appareil servant à démontrer le changement des saisons ; M. Kowalski, pour sa sphère armillaire ; M. Nossow, pour son *Planetarium* ; M. Mikaïlow, M. Illiine, M. Karazine, M. Giwatowski, etc., etc. M. Häuser est aussi un Russe, malgré son nom allemand. Il vulgarise les types des races humaines, et rend par là de grands services à l'ethnographie.

Voilà ce que sont venus nous révéler MM. Poulikowski et Dodonoff. Nous avons déjà mis en relief la figure énergique du colonel Poulikowski (1), qui, dans son *Desideratum* d'un cours de géographie, a dit avec beaucoup de profondeur : « La géographie est, dans la chaîne de toutes les sciences, un anneau indispensable qui joint les sciences politiques aux sciences naturelles. » M. Poulikowski est professeur de géographie dans les établissements militaires de la Russie. Nous l'avons combattu, dans le Congrès, lorsque, contrairement à sa propre définition, il a réclamé l'indépendance de la géographie. On voit bien qu'au fond nous étions d'accord. M. Basile Dodonoff est un tout jeune homme, aux traits sympathiques et d'un charmant caractère. Nous l'avions pour voisin lorsqu'il a fait sa communication au groupe didactique. M. Dodonoff est professeur libre de géographie à Saint-Pétersbourg.

Ce n'est pas sans fierté patriotique qu'il nous disait que le musée pédagogique était dû uniquement à l'initiative privée. Les géographes russes ont créé cette institution à leurs risques et périls, et l'on sait à quel point ils ont réussi.

---

(1) Voir nos articles sur l'Exposition géographique, publiés dans le *IXe Siècle.*

VI

CRÉATION D'UN ORGANE GÉOGRAPHIQUE INTERNATIONAL

Les Congrès de géographie sont très-utiles, mais ils ne peuvent avoir lieu que de loin en loin. C'est dire assez clairement que l'on ne doit pas attendre d'eux une règle, une direction internationale. Aussi bien la diversité des programmes et des méthodes en honneur dans les différents pays de l'Europe a frappé quiconque a assisté aux séances du sixième groupe. Telle observation faite par un Français semblait superflue à un Russe ou à un Danois. « Il y a longtemps que ce que vous demandez est pratiqué chez nous, » s'écriaient-ils avec impatience.

Est-il besoin de démontrer longuement la nécessité de créer un organe international, dans le but de perpétuer, entre géographes, les bons rapports que les Congrès ont inaugurés, de faire connaître les inventions et les méthodes nouvelles, d'imprimer enfin, par toute l'Europe, une direction unique à l'enseignement?

Cette pensée, qui eût dû venir à tous les membres du Congrès géographique d'Anvers, n'a été émise que quatre ans après, le jour même où le Congrès de Paris a clos sa session. C'est un Lorrain, M. Michel Vion (de Noisseville, près Metz), ancien professeur de l'université et chef d'institution à Amiens, qui, à lui seul, l'a conçue et formulée. M. Vion est un esprit élevé, un esprit novateur. On lui doit un *système uniphonographique universel,* ou moyen infaillible d'apprendre seul et en très-peu de temps à penser, écouter, lire, écrire et bien parler en français et dans les principales langues connues.

Voici la clef du système : « Un alphabet uniphonographique, international, représentant les 29 groupes principaux, composés de 34 voyelles et 31 consonnes, tous les sons et articulations des principales langues de l'Europe. En regard de chaque lettre, constamment affectée à un même effet vocal simple, trois colonnes parallèles portant les principales équivalences ou mots similaires, en français, anglais, allemand; et, comme modèle d'une application immédiate, une représentation parallèle de l'oraison dominicale et des noms de nombre, en ces trois langues, par la phonographie et l'orthographe usuelle. »

On nous saura gré de relater deux remarquables observations de M. Vion :

1° La voix humaine forme, en son parcours direct du fond du larynx à l'extrémité des lèvres, deux ordres de sons ou voyelles : 16 palatales et 18 labiales ;

2° Par son concours avec les lèvres, les dents, le palais, la langue, le nez et le larynx, la voix humaine forme six familles organiques de consonnes ou articulations, par un clavier de 14 touches.

M. Vion n'est pas un de ces utopistes, comme on en voit tant, à la recherche d'une langue universelle. Il respecte toutes les langues et en connaît plusieurs; mais il croit que le souci des étymologies et de l'orthographe poussé trop loin est une des plus sérieuses entraves en ce qui concerne les communications internationales. Nous n'avons pas à juger, en ce moment, cette tentative de M. Vion : il publiera prochainement un manuel explicatif de la méthode uniphonographique, un vocabulaire pratique pour apprendre simultanément le français, l'anglais et l'allemand, etc., etc.

M. Vion a expliqué sa méthode dans une séance à laquelle nous n'avons pas assisté ; un excellent accueil lui a été fait. Nous voilà bien loin, me dira-t-on, de cet organe géographique international dont vous nous parliez tout à l'heure ! Nullement. M. Vion a été conduit tout naturellement de son système à sa proposition. Seulement, en homme de goût, il n'a pas rivé la cause de sa proposition à celle de son système.

Il est venu dire au sixième groupe et au Congrès : Créez à Paris ou dans n'importe quelle grande capitale une revue mensuelle qui recueillera toutes les communications venues des différentes contrées de l'Europe. On les publiera dans la langue même où elles auront été écrites, mais en employant toujours les caractères romains. Cette dernière précaution est excellente. L'exposition russe, si solide et si brillante à la fois, eût captivé davantage encore l'attention des visiteurs si les noms géographiques avaient été écrits en lettres romaines et non en lettres russes.

L'Allemagne, sous ce rapport, a donné un bon exemple ; elle ne se croit pas condamnée à ne faire usage que de son alphabet national, l'alphabet gothique. Elle se sert, quand bon lui semble, de l'alphabet en honneur dans les pays néo-latins.

Nous avons de bonnes nouvelles de l'organe géographique international. Si nous sommes bien informé, un libraire de Paris, grand ami du progrès, serait sur le point d'adopter cette idée, que l'approbation du Congrès recommandait à son attention. — Les grands journaux de Paris se feront un plaisir, tantôt de résumer, tantôt même de traduire les communications des géographes étrangers à la revue géographique internationale.

Si par toute l'Europe l'importance d'une telle revue est comprise, nous marcherons d'un pas singulièrement rapide dans la voie du progrès. Et que l'on ne dise pas que la géographie n'est, après tout, que l'une des nombreuses branches de l'enseignement. Nous avons montré, en temps et lieu, que la géographie « centralisait au profit de l'histoire, de la politique, — nous aurions dû ajouter : de la vie de chaque jour, toutes les connaissances humaines. »

Dans une Europe aussi divisée que l'Europe du dix-neuvième siècle, n'est-ce pas une fortune inespérée que d'avoir trouvé enfin un terrain commun, un lien international indestructible : la géographie ?

Les géographes éprouveraient le besoin de se voir fréquemment, afin d'échanger leurs idées d'une façon plus régulière et plus complète. Aux vacances, ils se donneraient rendez-vous, tantôt dans une contrée, tantôt dans une autre. Précédées ou suivies d'excursions intéressantes, ces réunions trancheraient, chaque année, les questions pédagogiques qui ne sauraient manquer de surgir chaque année. Beaucoup de membres du sixième groupe ont eu simultanément la pensée que nous exprimons ici. Il ne serait pas étonnant que la

Suisse, en 1876, vît le premier de ces *trains* et de ces conférences pédagogiques.

VII

LA RÉPARTITION DU TRAVAIL GÉOGRAPHIQUE.

« Messieurs les auteurs et messieurs les éditeurs, au lieu
de se copier les uns les autres, sont priés de s'associer pour
corriger leurs fautes. » Je ne sais quel accueil le Congrès, et en
particulier le sixième groupe, eût fait à cette proposition, dont
l'idée ne nous est venue qu'après la clôture des délibérations.

Il est fâcheux qu'on ait laissé échapper une aussi belle occasion. En effet, les éditeurs et les auteurs principaux étaient
présents. Il eût été facile, sinon gracieux, de leur montrer,
par des exemples bien choisis, que, sous des enseignes et sous
des noms différents, la plupart de leurs atlas, la plupart de
leurs précis se ressemblent comme deux gouttes d'eau. Ce
sont des frères que la concurrence commerciale a engendrés
et rendus ennemis. Quant à la concurrence scientifique, elle
n'est pour rien ni dans leur naissance, ni dans leur rivalité.

La concurrence commerciale est une belle chose ; la concurrence scientifique en est une bien plus belle encore. Nous
prendrions volontiers pour devise intellectuelle ce célèbre dic-
ton économique : « Laissez faire, laissez passer. » Mais, en y
réfléchissant bien, on se convainc que la liberté, si nécessaire
au développement de l'esprit, ne suffirait pas, si l'on n'y
ajoutait la méthode et l'association. Règlement et répartition
du travail scientifique ; voilà ce qui pourrait tirer la France
de l'ornière. La vérité de cette observation est frappante en
géographie et en histoire.

C'est la liberté *sans la méthode* qui, dans toutes les branches de l'érudition, a mis la France au point où elle en est ;
c'est l'association *dans la méthode* qui a fait de l'Allemagne
ce qu'elle est.

Est-il besoin de rappeler ce qu'est l'Institut géographique
de Gotha, qui a pour éditeur Julius Perthes ; pour directeur

le célèbre Petermann ? Qu'on ouvre l'Atlas de Stieler, et on verra combien de géographes ont dû unir leurs efforts pour accomplir une telle œuvre ! Aussi est-on pénétré d'étonnement et de respect, lorsqu'on l'examine de près. Quelle abondance de détails ! Et quelle exactitude ! Croit-on qu'un si brillant résultat eût été atteint si quatre ou cinq éditeurs, assistés chacun de quatre ou cinq auteurs, avaient entrepris d'exécuter un atlas universel ?

Ou ils auraient renoncé, ou ils en auraient été réduits à copier leurs devanciers. Renoncer serait, dans l'espèce, une détermination vertueuse et digne des plus grands éloges. Mais un éditeur ne saurait renoncer ; que, si un candide auteur renonce, il est immédiatement remplacé par un autre, moins consciencieux et moins timoré que lui. On sait ce que sont les entreprises de librairie. Un éditeur fait faire à la hâte par un auteur, bon ou mauvais, un livre qui répond à un pressant besoin scolaire. Il a la satisfaction d'arriver le premier. Le livre se vend, enrichit l'éditeur, et fait vivoter l'auteur ; mais il n'augmente en rien la réputation de l'un ou de l'autre.

Un second éditeur, jaloux de ce succès classique, — pour peu qu'il soit assuré d'un débouché, fait appel à un second auteur, qui puise aux mêmes sources que son devancier. Tous les éditeurs qui ont pignon sur rue, et qui, par conséquent, possèdent le privilége d'infester la France de précis et d'atlas frelatés, entrent successivement en ligne, flanqués chacun de son auteur souffreteux et expéditif. Or, la plupart de ces précis, comme la plupart de ces atlas, se valent ; c'est bien à eux que s'applique le proverbe : *ab uno disce omnes*. Si tel d'entre eux se vend plus abondamment et plus cher que les autres, c'est un peu à cause du nom de l'auteur, mais bien davantage, la plupart du temps, à cause de celui de l'éditeur, qui est maître du marché.

Comprend-on maintenant ce qui entrave l'essor scientifique de la France ?

Les entreprises de librairie ont introduit dans les choses de l'esprit les pires préoccupations commerciales. C'est à dessein que nous disons : les pires. Car, enfin, le négociant sérieux attend sa fortune non de produits falsifiés qu'un engouement passager ou que la crédulité publique fait débiter en grande quantité ; il attend sa fortune d'une bonne et solide confection. A l'user, un drap montre bien vite ce qu'il vaut. Il en est autrement d'un livre, chez un peuple qui se contente d'une apparence d'instruction. Aux yeux d'un tel peuple, rien ne ressemble plus à un livre que la science avoue qu'un autre livre qui se moque de la science. De sorte que l'esprit public devient comme un nouvel aliment aux déplorables tendances que nous avons signalées. Les éditeurs et les auteurs se persuadent donc de plus en plus qu'il vaut mieux vite faire que faire bien.

Les éditeurs n'ont qu'une préoccupation, celle d'envahir les premiers le marché. D'autre part, les auteurs se félicitent de gagner beaucoup plus d'argent avec des œuvres hâtives qu'ils ne pourraient le faire avec des travaux consciencieux. Ainsi, à la longue, l'esprit public pervertit et même abolit l'esprit scientifique. La science elle-même accepte la loi de l'offre et de la demande, et le niveau intellectuel des classes instruites s'abaisse d'une façon étrange.

Comment remédier à un mal qui semble la manière d'être de la nation ? Il faut que les auteurs, suffisamment instruits, suffisamment désintéressés, s'associent pour arrêter les bases d'une méthode scientifique et pour régler la répartition du travail.

Nous nous en tenons aujourd'hui à la géographie. N'est-il pas visible que, même avec une excellente méthode, la géographie ne pourra que végéter chez nous, si les adeptes de cette science, après une entente préalable, ne procèdent à la révision des précis, des atlas ? — Qu'ils accomplissent leur tâche, et qu'ils aillent ensuite trouver un éditeur. L'heureux éditeur auquel ils s'adresseront se serait peut-être gardé de provoquer un genre de travail aussi sérieux ; mais, quand on le lui portera tout fait, il s'empressera de l'accepter. Il comprendra que, pour être nouvelle, une telle entreprise de librairie peut avoir sa récompense. Il acceptera donc, sans hésiter, en s'écriant : « *Habent sua fata libelli.* »

LA CARTOGRAPHIE A L'EXPOSITION DES TUILERIES

CONFÉRENCE FAITE A LA MAIRIE DU 4ᵉ ARRONDISSEMENT,

Le 30 octobre 1875,

En présence de M. VUILLET, Maire, président de l'*Œuvre des Familles*.

A l'exposition des Tuileries, on remarquait deux espèces de cartes :

1° Les cartes exécutées, sur l'ordre des gouvernements, par des géographes aussi instruits que consciencieux ;

2° Les cartes produites par le commerce, laissant généralement à désirer. Hâtons-nous de dire, toutefois, que l'atlas allemand de Stieler (Gotha, Julius Perthes), et l'atlas français de Vivien de Saint-Martin (Paris, Hachette) (1), sont dignes des plus grands éloges. La France, par malheur, semblait se complaire dans des cartes aux couleurs les plus heurtées, qui me rappelaient l'imagerie d'Epinal. Le jaune, la terre de Sienne brûlée, le rouge, le bleu de Prusse y brillaient de tout leur éclat primitif. Il n'était même pas venu à la pensée des éditeurs de les fondre ensemble, afin d'harmoniser les tons.

Dans la critique que nous allons faire, nous éviterons les personnalités, nous ne citerons aucun nom ; ceux dont nous dévoilerons les petits secrets se reconnaîtront facilement, sans que nous ayons à mettre les points sur les i.

La cartographie présente une double division, suivant qu'elle a en vue la représentation du relief d'une contrée plus ou moins étendue, ou le tracé d'un vaste ensemble et même du globe tout entier. Mais reliefs et cartes peuvent, à

---

(1) Dessiné par M. Desbuissons et gravé par M. Collin.

leur tour, être plus spécialement géographiques ou plus spécialement topographiques.

Ainsi, le relief géographique et le relief topographique diffèrent, en ce que le premier, dans le but de parler aux yeux de l'élève, exagère les proportions de l'objet représenté, tandis que le second procède géométriquement, suivant une échelle bien déterminée, à la réduction de ce même objet.

De même, les cartes géographiques donnent une idée générale de la contrée soumise à notre étude, déterminent, par la latitude et la longitude, la position des villes, le cours des fleuves, etc..., et les cartes topographiques, au moyen des courbes de niveau, des hachures, etc., précisent le relief entier de cette même contrée.

Il est aisé de voir que, suivant les circonstances, on devra préférer la carte au relief ou le relief à la carte, le relief géographique au relief topographique, la carte topographique à la carte géographique, et *vice versâ*. Mais ce qui apparaît non moins clairement, c'est que, au point de vue pédagogique, le relief l'emportera toujours sur la carte, et que, scientifiquement parlant, la carte topographique laissera toujours à cent lieues derrière elle la carte géographique.

Cela dit, nous commençons.

I. — Cartes topographiques.

Traitons en peu de mots la question des cartes topographiques, et faisons l'analyse des divers systèmes employés pour représenter le relief du terrain.

Lumière oblique. — Un des premiers procédés a été de se servir des hachures pour rendre la structure du sol, et pour accentuer davantage le relief; pour qu'il fût plus saisissable à l'œil, on employait la lumière oblique; c'est-à-dire que toutes les montagnes avaient un côté placé dans la lumière et un autre côté placé dans l'ombre.

Au point de vue pittoresque, certes, cette manière d'interpréter avait un avantage réel, c'était de permettre la lecture des cours d'eau et des vallées, même à ceux qui avaient peu l'habitude de se servir d'une carte.

La grande Carte de la Suisse, à $\frac{1}{100,000}$, est ce que l'on a fait de plus beau en ce genre.

La seule critique que l'on puisse adresser à ce mode de représentation, c'est que tout y est sacrifié à la partie artistique : la pente la plus douce d'une montagne peut se trouver dans l'ombre, et la partie la plus rapide dans la lumière ; au point de vue de l'exactitude, ce système est donc défectueux.

Lumière zénithale. — Un autre procédé très-remarquable a été suivi pour la carte de France à $\frac{1}{80,000}$, et, bien qu'il faille se défier de l'orgueil patriotique, nous croyons être de l'avis de tous les étrangers. La carte de France demeure, par sa construction, par son exécution, un vrai chef-d'œuvre. La gravure de cette carte est une merveille comparable aux anciennes gravures, mais il est impossible, à l'heure qu'il est, de pouvoir recommencer un travail de ce genre. Les graveurs en taille douce font défaut aujourd'hui, et peu de jeunes gens se destinent à cette carrière artistique.

Le système suivi pour figurer le relief du terrain sur la carte de l'état-major a été celui-ci : Les courbes de niveau construites par l'officier sur le terrain ont servi au graveur pour établir ses hachures, et l'on était parti de ce principe : plus les courbes se trouveraient rapprochées, plus elles représenteraient une pente rapide; plus les courbes se trouveraient éloignées, plus elles représenteraient une pente douce. Les hachures, devant être normales aux courbes, se trouvent être très-fortes, très-resserrées dans les parties rapides; très-fines, très-espacées dans les parties douces.

Il s'ensuit que quand l'on jette les yeux sur une feuille de la carte de France, les surfaces teintées indiquent les régions montagneuses et que les surfaces grises indiquent les ondulations légères du sol.

Ce système de hachures est celui qui garantit la plus grande exactitude, puisqu'il se trouve reposer sur la représentation géométrique du terrain, qui ne peut être rendu fidèlement qu'à l'aide des courbes de niveau.

L'éclairage dans ce mode de représentation est appelé lumière zénithale.

La carte de Suède à $\frac{1}{100,000^e}$ est un très-beau travail en hachures. Le système employé pour la triangulation de cette carte a été le même que celui suivi pour la carte de France. La carte de Suède offre pour les mers un grand nombre de sondages, et c'est ce qui manque à beaucoup de cartes topographiques. Qu'on nous permette d'ajouter un mot pour dire dans quelle voie de progrès marche la Suède.

En 1855, elle commence ses voies de chemin de fer; en 1858, elle inaugure le chemin de fer de Malmo à Lund; en 1871, Malmo, Stockholm et Christiania sont reliés par une voie ferrée.

Courbes de niveau. — Aux personnes qui consultent rarement une carte, le système des hachures paraîtra plus commode; mais pour l'ingénieur, pour l'homme qui veut travailler sérieusement, la carte dont le relief sera exprimé en courbes de niveau sera toujours préférable à toutes les autres.

Le relief du terrain est exprimé avec la plus scrupuleuse exactitude à l'aide des courbes, et une ligne tracée au crayon dans le sens que l'on veut étudier permet de déterminer de suite le profil des pentes.

Ce mode, décidément, paraît devoir l'emporter sur tous les autres.

Pour donner plus de relief au terrain sur certaines cartes, on a combiné les deux systèmes : la teinte graduée et les courbes; cette teinte se trouve être plus ou moins foncée, suivant la rapidité de la pente indiquée par les courbes de niveau plus ou moins rapprochées.

La Russie nous a donné ce qui s'est fait de plus beau en ce genre. Aussi avons-nous admiré longtemps, dans chaque visite à l'Exposition, les cartes de la Svanetie, à 1/84,000e, et celle du gouvernement d'*Erivan*, à 1/42,000e, portant le n° 17 du catalogue.

Les Allemands, très-exacts, très-mathématiciens en géographie, comme partout, ont employé dans leurs cartes, exécutées par la section historique du grand état-major prussien,

le même système ; seulement ils sont moins artistes que
les Russes (c'est mathématiquement fait, mais assez lourde-
ment).

Comme généralement, l'on doit chercher à plaire à la majorité de ceux qui désirent acheter des cartes, le système du
colonel Goulier aura le dernier mot. Voici en quoi il consiste.

Lavis à la lumière oblique. — Le relief du terrain est exprimé en courbes de niveau, et une teinte au lavis, plus ou
moins accentuée, suivant la rapidité de la pente, se trouve
être placée sur les courbes. Cette teinte est doublée de ton
dans les parties placées dans l'ombre.

Donc, le système du colonel Goulier offre cet avantage que,
tout en exprimant géométriquement le relief du terrain, il
éclaire les vallées, les dessine, et l'œil se trouve satisfait du
premier coup.

Ainsi l'artiste ne réclame point ; quant au praticien, cette
exactitude mathématique comble ses désirs.

II. — Reliefs topographiques.

Ayant traité des divers systèmes qui représentent le relief
du terrain sur les cartes topographiques, nous allons parler
des reliefs topographiques.

Il y a longtemps que l'on fait en France et en Europe des
reliefs topographiques ; mais, avant que M. le chef d'escadron
d'état-major Chepy, du dépôt de la guerre, eût fait le premier
l'essai du relief géométrique en gradins, à l'aide d'une feuille
de la carte de France, l'on n'avait suivi aucune règle pour la
construction des reliefs.

L'on avait une échelle pour la planimétrie, et une échelle
double, quelquefois même quadruple, pour le nivellement ; il
s'ensuivait que les montagnes avaient quelquefois leurs hauteurs véritables quadruplées.

Les exagérations, que l'on peut, jusqu'à un certain point,
concéder à la géographie, sont mauvaises en topographie.

Le relief topographique doit être géométrique : les hauteurs doivent être proportionnelles aux longueurs, et se servir de reliefs dont les hauteurs ont été exagérées serait d'un effet pernicieux. Pour l'enseignement, la première condition, c'est la vérité.

Nous ne parlerons donc pas des reliefs dont les hauteurs sont exagérées, nous les condamnons sous tous les rapports.

Le commandant Chepy ayant remarqué que le papier sur lequel on tirait les feuilles de la carte de France avait 1/4 de millimètre d'épaisseur, et que ce papier représentait, par conséquent, la hauteur verticale prise entre deux courbes de niveau consécutives à $\frac{1}{80,000^e}$, s'amusa à retracer les courbes sur un certain nombre d'épreuves de la carte de France. Ayant découpé ensuite chaque courbe de niveau, il fit la superposition par gradins de chacune de ces courbes, en ayant soin de partir de la base, et en s'élevant de gradin en gradin jusqu'au sommet.

M. Bardin vint ensuite; il imita M. Chepy. Son Mont Cenis peut être considéré comme un chef-d'œuvre de relief topographiqne.

M. le capitaine Peigné, MM. Muret, Malègue et un grand nombre d'autres, suivent aujourd'hui la carrière ouverte par M. Chepy, et font tous les jours des œuvres remarquables.

Maintenant que nous avons rendu hommage au commandant Chepy, l'inventeur du système, et que nous avons payé notre tribut de reconnaisance à M. Bardin, qui a consacré sa vie et une partie de sa fortune à la vulgarisation de l'enseignement de la topographie par les reliefs, gardons-nous de faire supposer que les étrangers ne seraient pas dignement représentés pour les reliefs topographiques.

Le lac Léman, du bureau d'état-major général, était une merveille; l'on voyait, en quelque sorte, le relief du terrain se dessiner sous le lac de Genève, absolument comme si ses eaux s'étaient retirées graduellement pour en opérer le nivellement le plus complet.

Le relief de l'Etna était un prodige au point de vue artistique.

Puissent nos compatriotes se montrer de plus en plus artistes, tout en conservant l'exactitude mathématique et le fini de l'exécution (1).

III. — Cartes géographiques.

Maintenant que nous avons parlé de la grande géographie, de la géographie d'analyse, de celle qui nous fait saisir la structure du sol dans ses moindres détails, et qu'on appelle, très-justement, la topographie, nous allons parler du résumé de la topographie, c'est-à-dire de la géographie proprement dite.

De même que pour la topographie, nous commencerons par des cartes géographiques avant de parler des reliefs.

Au premier rang brille l'atlas de Stieler (Gotha, Julius Perthes). Il est merveilleusement exécuté, on croirait que le géographe, qui a construit consciencieusement son travail, a dessiné et gravé lui-même son œuvre, pour ne laisser rien à désirer sous aucun rapport.

Ensuite vient l'atlas universel de M. Vivien de Saint-Martin, dessiné par M. Desbuissons, gravé par M. Collin, le premier graveur français. Pour la gravure, c'est un chef-d'œuvre. Il fait le plus grand honneur à la maison Hachette.

Les autres atlas, et il y en a beaucoup, sont souvent bien faits, mais nous y remarquons une petite supercherie employée dans l'exécution. Nous nous ne permettrons pas de juger nos géographes. MM. Cortambert, Levasseur, Reclus, Joanne et autres, préparent leur travail consciencieusement ; ils s'entourent des matériaux les plus sûrs, mais ils sont, en quelque sorte, trahis par l'exécutant. L'éditeur est parfois responsable de ce massacre : il n'y met pas le prix ; nous nous abstiendrons d'aller plus loin. Le mal est remédiable. Il suffit de le signaler pour que, ultérieurement, dans les nouveaux atlas, l'on exige de la conscience. Le géographe qui s'use dans

---

(1) Pour le projet d'un relief détaillé de la France, conçu par M. Charles Schroeder, voir dans *le XIX* *Siècle* un article de M. Drapeyron, intitulé : *La France en relief* (12 septembre 1875).

ses recherches est en droit de demander à l'éditeur la fidèle interprétation de son travail.

Aux cartes murales je préfère les reliefs, attendu que l'on peut suivre de l'œil et du doigt les sinuosités des vallées.

Cependant, avant de passer aux reliefs géographiques, arrêtons-nous, pour revenir sur un système qui est très-bon, mais dont l'exécution laisse sérieusement à désirer.

On entend par cartes murales les grandes cartes que nous avons vues dans les pensions, dans les colléges, et dans certains endroits publics. Ces cartes indiquaient, il y a quelques années, la ligne de partage des eaux par une arête de poisson ou par une chenille. Elles semblaient signifier qu'un mur mitoyen existait entre tous les bassins de la France. L'ondulation du sol, très-peu accentuée, qui sépare la Seine et la Loire entre Orléans et Paris, avait, sur ces cartes, la même valeur que le massif du mont Blanc.

Plus tard, des essais de montagnes éclairées furent faits, ce qui valait mieux. M. Erhard, le graveur, est celui qui a le mieux fait en France ce genre de travail. Cependant nous nous permettrons de lui adresser une critique. Subissant des influences régnantes, il est entré, bien malgré lui (car nous lui reconnaissons un très-grand talent), dans la voie de la chromo-lithographie, voie très-bonne si l'on applique l'art à l'industrie, très-mauvaise s'il en est autrement.

Espérons que M. Erhard, qui est un artiste, s'arrêtera à temps, et qu'il nous donnera, sous peu, des cartes dont les couleurs n'effrayeront plus aucune palette (1).

On sait ce que nous avons dit à propos des cartes topographiques ; le système avec éclairage du colonel Goulier l'emportera peut-être aussi pour les cartes géographiques.

A une séance présidée par le géographe et colonel espagnol Francisco Coello, M. Dupaigne a émis un vœu qui a été appuyé par le président et par tous les membres du sixième groupe. Il souhaite qu'à l'avenir les cartes géographiques utilisent la courbe pour la représentation en relief du terrain. On ajou-

---

(1) Nous n'entendons nullement contester les services pédagogiques éminents de la carte d'Erhard.

terait soit des hachures, soit une teinte pour accentuer davantage la structure du sol.

Il est évident qu'à un moment donné la courbe sera appliquée aux cartes géographiques.

Là n'est pas la difficulté, mais il est malaisé de prévoir lequel l'emportera des deux systèmes chargés de donner un aperçu général de la structure du sol.

Exécutera-t-on des cartes géographiques en courbes avec éclairage à la lumière oblique, ou bien fera-t-on des cartes géographiques en courbes avec des hachures ou des teintes sans y joindre le système de l'éclairage?

Au point de vue artistique, l'éclairage vaudra toujours mieux ; au point de vue mathématique, le système des courbes (avec teintes ou hachures), sans éclairage, sera préférable.

Nous devons respecter le vœu du Congrès, et puisqu'il a été dit que la courbe hypsométrique serait la base fondamentale des cartes géographiques, et que l'on y ajouterait une teinte ou des hachures, nous désirons ardemment que les cartes géographiques de l'avenir soient la réduction mathématique de la carte topographique du pays, et non plus des cartes fantaisistes, exécutées coquettement dans le but d'en obtenir une vente productive.

Du reste, nous nous réservons d'analyser sévèrement ces cartes faites rapidement, dans un intérêt exclusivement commercial, et de traiter dans toutes ses formes, et sous tous les rapports, la question de facture de la cartographie géographique.

Le jour n'est pas éloigné où le relief géographique l'emportera sur la carte géographique, attendu que la géographie ne peut nous donner qu'une vue d'ensemble, tandis que le relief offre l'image sculptée des pays. Toutefois, le système des courbes hypsométriques laisse déjà bien loin derrière lui le mur mitoyen, les arêtes de poisson et les chenilles.

IV. — **Reliefs géographiques**.

Pour les reliefs géographiques, il serait impossible de suivre le même système que celui qui est employé pour les reliefs topographiques. Afin de bien faire saisir l'ensemble de la structure du sol, l'on a été forcé d'exagérer les hauteurs ; mais il faut prendre une échelle constante, et observer les proportions. Sait-on bien que certains reliefs de la France à l'Exposition semblaient donner au mont Blanc une hauteur de 130,000 mètres !

Nous avons admiré la carte en relief de la mer Adriatique ; nous voudrions voir faire l'application de ce procédé aux cartes en relief que nos éditeurs font dresser pour l'enseignement géographique dans nos écoles. La profondeur de la mer est indiquée par des courbes hypsométriques, descendant gradin par gradin.

Ces reliefs ont un grand avantage sur nos reliefs français ; ils sont harmonieusement coloriés, et la ligne du bord de la mer est indiquée par le bleu le plus pâle ; le bleu se fonce au fur et à mesure que l'on descend dans les parties inférieures.

Ce mode est des plus agréables à l'œil et en même temps des plus exacts, puisqu'il permet de voir l'endroit où la mer atteint sa plus grande profondeur.

M. Bauerkeller est le premier en France qui ait fait de l'art dans les constructions des reliefs géographiques ; aussi, son exposition attirait-elle tous les regards.

Quant aux autres reliefs géographiques exécutés dernièrement, et que l'on pourrait appeler la nouvelle école, — le relief de la France à $\frac{1}{1,000,000}$, exécuté par Mlle Kleinhans, professeur de géographie, l'emportait sur les œuvres de tous ses autres collègues.

Nous allons dire pourquoi ce relief nous a paru, à tous les titres, mériter d'être signalé.

Mlle Kleinhans a su conserver, par le système qu'elle emploie (c'est-à-dire par une mise au point mathématique), l'exactitude la plus rigoureuse dans les altitudes. L'échelle des hauteurs (1 millimètre pour 250 mètres) a été suivie de la manière la plus scrupuleuse, et l'artiste n'a laissé rien au hasard.

Voilà enfin une reproduction fidèle de la France, une copie exacte de notre grande carte de l'état-major. Mlle Kleinhans a dû quadriller son relief en 274 rectangles et ciseler dans le plâtre lui-même le relief du terrain compris dans chaque feuille.

C'est en quelque sorte la réduction par la photo-sculpture de notre grande carte de France.

Mlle Kleinhans est un sculpteur d'un grand talent, qui s'est voué au relief géographique, au lieu de s'adonner aux beaux-arts. Mais nous la prierons d'ajouter aux reliefs, qu'elle a su exécuter en faisant de l'art en géométrie, la profondeur des mers, comme l'ont fait ses confrères d'Austro-Hongrie.

Si nous avons signalé les reliefs en plâtre blanc de Mlle Kleinhans, nous sommes loin d'avoir la même admiration pour ces mêmes reliefs barbouillés de je ne sais quelle couleur.

Nous engageons les éditeurs de Paris à ne pas déformer les œuvres de leurs auteurs par des couleurs à l'huile de troisième qualité, appliquées avec si peu de goût.

Les autres reliefs de la nouvelle école sont fort beaux aussi ; nous nous abstiendrons d'en citer les auteurs, car nous voulons seulement leur donner un conseil quant au mode d'exécution : ils ont été faits avec une trop grande précipitation ; il s'ensuit que, quand on les regarde à une certaine distance, ils ont un peu l'air de cartons estampés à l'aide d'un moyen industriel.

Quant à l'immersion des reliefs, par divers systèmes, pour enseigner l'opération du nivellement, dont nous avons vu des spécimens à l'Exposition, il serait très-difficile d'en nommer l'inventeur. En 1809, le capitaine Leclerc, ingénieur géographe, enseignait à ses élèves, par ce procédé, l'opération du nivellement.

Avant de terminer notre revue, nous manquerions aux devoirs de la plus stricte justice, si nous ne parlions des Russes et des Danois. Le musée pédagogique de Saint-Pétersbourg, au point de vue de l'enseignement intuitif, mérite d'être signalé comme un exemple à suivre.

En ce qui concerne l'ethnographie, les types des races humaines, provenant des ateliers de Saint-Pétersbourg, sont exécutés d'une façon admirable. En France, vu la manie actuelle des éditeurs, nous n'aurions pu arriver à un pareil résultat. Nous aurions fait, dans un but tout commercial, des types de convention; le modèle qui eût servi à faire un blanc aurait servi également à faire un nègre. Bien au contraire, ces petites statuettes, coquettement modelées, représentent bien les types des diverses nations. L'on peut dire, sans flatterie, que cette exposition faisait saisir la structure humaine de chaque peuple du globe. Aussi, nous ne pouvons mieux faire que de nous rallier à la proposition du colonel Poulikowski et de M. Dodonoff : de doter d'un pareil musée toutes les écoles, d'autant plus que le prix de chaque objet est abordable pour toutes les bourses.

Sous le rapport de l'enseignement intuitif, le nouveau musée pédagogique de Saint-Pétersbourg est sans égal. Rien n'a été oublié ; on dirait que les Russes aiment à s'occuper de l'enfance, non pas dans le but de faire une entreprise commerciale, ou d'écouler un stock de marchandises avariées, mais bien dans un but tout à fait paternel; l'on croirait voir une association de pères de famille instruisant leurs propres enfants, chacun suivant ses facultés et ses aptitudes.

Nous entrerions dans trop de détails si nous étions obligés de signaler tout ce que nous avons vu dans cette partie de l'exposition ; nous devons citer la publication de M. Illiine (carte du ciel étoilé); l'appareil servant à démontrer le mouvement des planètes, de M. Kokhowski, les tableaux de M. Giwatowsky, représentant les grands phénomènes de la nature, et jusqu'à la lanterne magique de M. Yermoline, enseignant aux petits enfants la géographie, les différentes races humaines qui habitent notre globe, les divers costumes, etc. De leur côté, les Danois nous ont envoyé des fac-simile empreints d'une véritable couleur locale.

La vie d'été au Groenland, par Karl Rasmussen, les vues des côtes Danoises par Sörensen et un paysage de Zacho sont de superbes peintures exécutées sur les lieux. Ce ne sont pas des tableaux habilement exécutés dans l'atelier, mais bien de véritables études vigoureusement brossées d'après nature et largement exécutées. Nous ne pourrions trouver que dans les cartons de Gudin, ou de quelque autre de nos grands artistes, des études qui puissent rivaliser avec ces magnifiques ébauches qui représentent les côtes Danoises et le Groënland.

L'Angleterre avait envoyé un panorama du sommet de l'Himalaya occidental. Le glacier de Balton faisait l'admiration des visiteurs.

Nous ne saurions trop engager les éditeurs français qui voudront bien avoir souci de l'enseignement géographique dans nos écoles de prendre comme modèle pour nos enfants la géographie de M. Erslev, et pour l'enseignement supérieur, un ouvrage consciencieux, la géographie de M. du Fief : nous signalerons tout particulièrement la méthode avec laquelle les matières ont été coordonnées. Nous ne saurions oublier *la France*, de M. Levasseur, le grand économiste (1875); *la Terre*, de l'éminent Elisée Reclus ; *la Géographie*, de son frère Onésime; celle de Balbi, revue par M. Chotard; celle de Malte-Brun, revue par Lavallée ; celle de Dussieux, et *le Tour du Monde* (Hachette).

Avant de finir, nous signalerons un procédé qui nous a été présenté par M. de Bas, officier d'état-major, attaché au service topographique des Pays-Bas, procédé que nous voudrions voir appliquer dans nos écoles. Les cartes, qui nous ont été soumises (d'une facture hors ligne), sont tirées sur un tissu spécial; elles ont cet avantage sur nos cartes murales, recouvertes d'un mauvais vernis à l'esprit-de-vin, qu'en raison de ce nouveau procédé, elles peuvent être lavées indéfiniment tout en conservant leur éclat; elles peuvent séjourner plusieurs heures dans l'eau, pliées bien ou mal, une fois séchées, elles reprennent leur éclat primitif.

Nous ne savons si M. de Bas est l'inventeur ou seulement le promoteur de ce système.

Le service photographique du Portugal, avec son application de photo-gravure, est appelé à rendre de grands services à la cartographie. Il ne pouvait en être autrement, puisqu'il a à sa tête un homme tel que M. José Julio Rodriguez.

Quant aux cartes chromolithographiques, l'on peut faire mieux.

L'Art appliqué à l'Industrie nous donne jusqu'à des imitations de vieux tableaux où l'harmonie des couleurs est parfaite.

Quand donc nous donnera-t-il des cartes convenablement exécutées sous tous les rapports ?

QUESTION 89 DU PROGRAMME GÉNÉRAL

LUE ET EXPOSÉE PAR M. Michel VION,

DANS LA SÉANCE DU 10 AOUT 1875, AU GROUPE IV,

Présidence de M. VIVIEN DE SAINT-MARTIN.

« Comme il résulte de toutes les tendances et résolutions manifestées par les divers groupes du présent Congrès que l'étude et l'enseignement de la géographie doivent être internationaux, il y a lieu d'introduire un système rationnel dans la manière d'orthographier les cartes générales et les noms propres employés par les géographes. L'unité et la simplicité, la bonne entente sont ici des conditions essentielles.

En conséquence, le Congrès de Paris reconnaît que l'alphabet latin offre aujourd'hui le meilleur moyen de transcrire, pour les mettre à la portée de tous, tous les sons et articulations employés dans les diverses langues connues ; il l'admet donc et le recommande exclusivement pour la publication des œuvres d'une importance générale.

Mais, reconnaissant, en même temps, que cet alphabet gréco-latin, qui a servi jusqu'ici de principal véhicule à la civilisation humaine, a, lui-même, besoin d'être réformé et complété, parce qu'il a des lettres à multiple ou incertain emploi, tandis qu'il manque d'un certain nombre de signes précis qui sont la raison d'être de la plupart des idiomes ou dialectes étrangers, le Congrès de Paris ouvre un concours universel et permanent, pour l'adjonction et l'assimilation à cet alphabet latin, considéré comme type, de tous les signes ou caractères graphiques reconnus nécessaires à la représentation des effets phoniques existant en dehors de lui dans les idiomes ou dialectes étrangers.

A cet effet, les membres du présent Congrès, et les adhérents au Congrès futur, que cette question intéresse, sont invités à faire un inventaire exact des sons et articulations que présentent les langues qu'ils connaissent, en ayant soin de recueillir en même temps les phrases ou mots modèles qui en constatent l'authenticité, de signaler le mieux possible les variétés et la prononciation la plus accréditée des noms propres, et d'envoyer provisoirement ces précieux documents à la Société de géographie de Paris, qui serait priée d'ouvrir une section pour les recueillir et les coordonner.

Les philologues et les simples amateurs de tous les pays seraient excités à s'intéresser à cette question, qui prendrait rang dans la science, et le prochain Congrès serait probablement en mesure de se prononcer sur des travaux qu'accompagnerait une riche et curieuse exposition d'un nouveau genre.

En attendant, comme point de départ à cette utile réforme, le Congrès recommande aux cartographes et aux auteurs de livres ou publications géographiques d'adopter pour règle générale d'écrire tous les noms suivant l'orthographe du pays auquel ils appartiennent et de la faire suivre, entre parenthèses, de leur vraie prononciation aussi bien représentée que possible » (1).

---

(1) Voir, dans la *Revue scientifique* du 9 octobre 1875, sous ce titre : *Le Rôle de la France dans l'Extrême Orient*, un travail de l'éminent et regretté lieutenant de vaisseau Francis Garnier, qui justifie tout à fait la proposition de M. Vion. M. Garnier montre la révolution intellectuelle qu'entraînerait en Chine l'adoption des caractères latins, et il suggère des moyens pratiques pour les faire adopter. (*Note de l'auteur.*)

UNE RÉFORME URGENTE

A M. E. YUNG, DIRECTEUR DE LA *Revue politique* (1).

Monsieur le directeur,

Il est, paraît-il, question de créer, à l'Ecole normale supérieure, pour la troisième année d'études, une section spéciale de géographie, à côté de la section d'histoire. Cette modification serait très-heureuse, mais il faudrait qu'elle fût précédée d'une autre réforme concernant les examens d'entrée. Il est convenable de maintenir, telle qu'elle est, la série des compositions imposées aux candidats qui se destinent à l'enseignement des littératures française, latine et grecque. Quant à ceux qui ont déjà jeté leur dévolu sur l'histoire et la géographie, il serait urgent de ne leur prescrire que les compositions en dissertation française, en version latine et en histoire, en y ajoutant toutefois des compositions en version grecque, en allemand ou en anglais, et en géographie. En effet, les vers latins, le discours latin, le thème grec, sont *à peu près* inutiles aux futurs historiens et aux futurs géographes. Il est, au contraire, indispensable qu'ils sachent les principales langues, mortes ou vivantes, afin de pouvoir consulter les *sources.*— Comme corollaire, on créerait, en même temps, une licence spéciale pour les élèves de la section d'histoire et de géographie. A la licence, on répéterait les épreuves indiquées ci-dessus, mais les examinateurs devraient se mon-

---

(1) *Revue politique* du 24 juillet 1875.

trer plus exigeants. A la fin de leur première année d'école, nos licenciés ès histoire et géographie continueraient leurs études géographiques et historiques, et ce n'est qu'à la fin de la deuxième année que l'on constituerait des sections distinctes d'histoire et de géographie. On est effrayé quand on pense que, dans l'état actuel, les futurs professeurs *n'ont qu'une année pour apprendre l'histoire et la géographie universelles*, et qu'ayant, aussitôt après leur sortie, à enseigner d'une manière forcenée (six à sept cours différents par semaine), ils n'auront jamais le loisir de les bien approfondir.

Daignez agréer, etc.

PAROLES PRONONCÉES

Le 4 aout 1875, dans le VIᵉ groupe du congrès géographique,

Par M. L. DRAPEYRON (1).

« Messieurs, dans un mémoire intitulé : *Application de la géographie à l'étude de l'histoire*, que je ne lirai pas, vu sa longueur, je me suis proposé de montrer qu'il y avait urgence d'établir, dans nos lycées et dans nos colléges, une concordance rigoureuse entre les cours d'histoire et les cours de géographie.

Voilà pourquoi, l'autre jour, je frémissais quand on proposait de proclamer *l'indépendance de la géographie*. Je ne connais pas de science plus dépendante que la géographie. Aussi bien, il n'y a guère que les sciences mathématiques qui puissent, à la rigueur, passer pour indépendantes. Quant à l'histoire, c'est de la géographie qu'elle dépend. C'est à l'aide de la géographie qu'elle explique la formation territoriale des Etats et ce que j'appellerai la *localisation de la puissance*, c'est-à-dire la prédominance de certaines provinces et de certaines villes sur d'autres provinces et d'autres villes. Dans mon mémoire, je construis l'Europe politique pièce à pièce, et je montre que certaines questions que l'on prend au sérieux, dans la politique, n'existent pas, tandis que d'autres, que l'on ne soupçonne même pas, ont une importance considérable.

La géographie invoque le secours de la plupart des sciences; mais elle rend à son tour des services éminents à l'histoire et à la politique. Elle centralise, au profit de la politique et de

---

(1) Publiées dans *le XIXᵉ Siècle* du 6 aout.

l'histoire, toutes les connaissances humaines. Il est clair qu'elle ne doit pas oublier qu'elle n'est ni la cosmographie, ni la géologie, ni l'économie politique ; mais, je le répète, dans la mesure qui lui convient, elle invoque tour à tour chaque science.

Présentement, l'enseignement de la géographie et celui de l'histoire sont presque sans rapport l'un avec l'autre. Dans telle de nos classes où l'on enseigne l'histoire romaine, on ne traite que de la géographie de la France. Partant de ce principe faux que la géographie est une nomenclature, on s'est persuadé que la jeunesse française ne la saurait point, si on ne la revoyait jusqu'à trois fois d'une manière complète dans le cours des études.

Trois fois, la France, l'Europe et les autres parties du monde se présentent. Après avoir constaté qu'en effet l'élève a oublié une première fois, le professeur recommence une seconde, une troisième fois ; mais condamné, par l'entassement des matières, à la même rapidité, à la même sécheresse qu'auparavant, il obtient peu de résultats. Si l'on se persuadait une bonne fois qu'il ne s'agit pas de tout voir superficiellement, mais de bien voir quelque chose, on changerait de méthode. On dirait au maître : Expliquez d'une manière raisonnée et scientifique les pays dont vous racontez l'histoire. Enseignez-vous l'empire romain ? Insistez sur l'Italie, puis abordez successivement les régions comprises dans le bassin de la Méditerranée. Reconstruisez, pour ainsi dire, pièce à pièce, la domination romaine sous les yeux de vos élèves. Donnez les raisons géographiques et ethnographiques de sa formation et de sa dissolution. Quand vous passerez à l'étude du moyen âge, dont le théâtre est plus vaste que celui de l'histoire ancienne, mais encore limité à la partie occidentale de notre continent, vous achèverez la revue des Etats de l'Europe. Avec les temps modernes, l'activité humaine s'étend à toute la surface du globe : exposez alors les grandes découvertes. Le moment est venu d'étudier l'Afrique, l'Asie, l'Océanie et l'Amérique. N'en prenez que la fleur. Appuyez sur l'Inde, la Chine, le Japon, l'Australie, les Etats-Unis, bref, sur ce qui vit ou a vécu.

Un cours spécial sur la France (ici les détails intéressants peuvent être prodigués) terminerait fort bien l'enseignement géographique. Ce serait l'utile complément des études historiques concernant le dix-septième, le dix-huitième et le dix-neuvième siècle, où la France joue un si grand rôle. N'est-il pas évident que, par cette méthode, la géographie et l'histoire, rendues solidaires l'une de l'autre, s'éclaireraient mutuellement, et que des causes qui ont été jusqu'ici méconnues ou ignorées paraîtraient au grand jour? Non-seulement les jeunes générations, plus fortunées que leurs devancières, sauraient l'histoire et la géographie, mais elles auraient l'esprit politique, si rare chez nous. Avec la notion du réel naîtrait chez elles le sentiment du possible. Elles se pénétreraient de la justesse de l'adage baconien : *Natura non nisi parendo vincitur*. C'en serait fait chez nous de la déclamation, même patriotique.

La *réforme* que nous demandons ici n'a rien qui doive étonner. Elle a déjà été appliquée de l'autre côté du Rhin. L'Allemagne se garde bien, surtout dans les classes inférieures, d'écraser l'intelligence des enfants sous le poids d'un cours d'histoire et d'un cours de géographie « divergents ». Nous pouvons affirmer que chez eux il n'y a pas, pour ces deux enseignements, de programme distinct en sixième et en cinquième. Eh bien, pour mieux faire que l'Allemagne elle-même, pratiquons jusqu'en rhétorique et jusqu'en philosophie cette excellente méthode. »

TABLE DES MATIÈRES

Paris. — Imp. J. DUMAINE, rue Christine, 2.

www.ingramcontent.com/pod-product-compliance
Lightning Source LLC
LaVergne TN
LVHW021800170726
843503LV00007B/2949